T0055112

BIOGRÁFICO
SHERLOCK

BIOGRÁFICO
SHERLOCK

VIV CROOT

cincotintas

La edición original de esta obra ha sido publicada en
Reino Unido en 2018 por Ammonite Press, sello editorial
de Guild Master Craftsman Publication Ltd, con el título

Biographic Sherlock

Traducción del inglés
Montserrat Asensio Fernández

Copyright © de la edición original, GMC Publications Ltd, 2018
Copyright © del texto, Viv Croot, 2018
Copyright © de la edición española, Cinco Tintas, S.L., 2019
Diagonal, 402 – 08037 Barcelona
www.cincotintas.com

Diseño e ilustración: Matt Carr y Robin Shields

Todos los derechos reservados. Bajo las sanciones
establecidas por las leyes, queda rigurosamente prohibida,
sin la autorización por escrito de los titulares del copyright, la
reproducción total o parcial de esta obra, por cualquier medio
o procedimiento mecánico o electrónico, actual o futuro,
incluidas las fotocopias y la difusión a través de internet.
Queda asimismo prohibido el desarrollo de obras derivadas por
alteración, transformación y/o desarrollo de la presente obra.

Impreso en China
Depósito legal: B 2.886-2019
Código IBIC: BGF

ISBN 978-84-16407-61-3

CONTENIDOS

ICONOGRAFÍA

CUANDO ES POSIBLE RECONOCER A UN DETECTIVE DE FICCIÓN A TRAVÉS DE UN CONJUNTO DE ICONOS, DEBEMOS RECONOCER TAMBIÉN QUE DICHO DETECTIVE Y SUS CASOS HAN PASADO A FORMAR PARTE DE NUESTRA CULTURA Y NUESTRA CONCIENCIA.

INTRODUCCIÓN

La idea más popular es que Sherlock Holmes y el doctor Watson son dos personajes de ficción inventados por Sir Arthur Conan Doyle, que había sido cirujano de campaña, médico de familia con escasa vocación y oculista suburbano sin mucho éxito. Documentar sus aventuras (entre muchas otras) le permitió amasar una pequeña fortuna y labrarse una reputación duradera. La opinión generalizada es que Doyle basó el personaje de Holmes en Joseph Bell, que había sido su profesor en la facultad de medicina de la Universidad de Edimburgo y que, además de ser un cirujano carismático, se había hecho famoso gracias a sus pioneros métodos diagnósticos basados en la observación y en la inferencia. Watson es una mal disfrazada representación autobiográfica, bastante autocrítica con él mismo.

Todas estas cosas son, tal y como Watson diría en otro contexto, bobadas inefables. Los sherlockianos con criterio prefieren jugar al Juego, que se basa en las premisas de que Holmes y Watson fueron personas reales en el mundo real y de que Watson puso por escrito sus aventuras, quizá como una forma de lo que ahora llamaríamos una terapia postraumática. El encabezamiento de la primera parte de *Estudio en escarlata* dice así: «Reimpresión de las memorias de John H. Watson, doctor en medicina y oficial retirado del Cuerpo de Sanidad» y afirma que Doyle, un escritor ya consolidado con contactos en las revistas *Lippincott's* y *The Strand*, actuaba como una especie de agente literario informal. Es probable que hubiera conocido a Watson como compañero de estudios de medicina en Edimburgo.

Este libro sigue las reglas del Juego.

«OMITE EL TRABAJO DE LA MAYOR DELICADEZA Y FINURA PARA EXPLAYARSE EN DETALLES SENSACIONALES QUE QUIZÁ EXCITAN, PERO NO PUEDEN INSTRUIR, AL LECTOR.»

SHERLOCK HOLMES, *La aventura de Abbey Grange*, 1904

Cuando Sherlock y Watson se conocieron en 1881, el primero ya llevaba seis años trabajando como el mejor detective privado del mundo desde sus habitaciones en Montague Street, cerca del Museo Británico londinense, y buscaba un compañero para compartir los costes de su alojamiento en el número 221B de Baker Street. Ambos eran jóvenes (Holmes tenía 27 años y Watson 29) y vivieron juntos, con algunas interrupciones, durante los siguientes 23 años. Nos han llegado informes de 60 de sus casos. Aunque hubo un par en los que Watson no participó, escribió acerca de 56 de ellos. Sherlock escribió dos (con bastante torpeza, todo hay que decirlo) y es probable que el propio Doyle se ocupara de los dos escritos en tercera persona. Por supuesto, hubo muchas aventuras de las que jamás sabremos nada a las que se hace referencia de pasada o que aparecen archivadas en forma de notas en una abollada caja de latón, para ser escritas más adelante. Es evidente que Holmes requisó muchas de ellas y es una verdadera pena que la caja de seguridad en el banco Cox donde Watson guardaba todos sus papeles nunca se abriera y se perdiera para siempre cuando el edificio fue bombardeado durante la Segunda Guerra Mundial.

Holmes es el detective moderno original y encarna todos los atributos que ahora se han convertido casi en clichés: extraordinariamente inteligente, independiente, problemático, excéntrico, arrogante, apasionado, obsesivo, adicto y con una actitud algo ambivalente hacia la ley. Watson fue muy meticuloso en la descripción del método de trabajo de Holmes, pero bastante descuidado en lo relativo a los detalles domésticos o biográficos. No sabemos ni cuándo ni dónde nació Sherlock, y tampoco conocemos mucho acerca de su familia, a excepción de que tiene un hermano, Mycroft, que aparece más adelante en el Juego. Watson, como buen militar, iba directo al grano: el extraordinario y revolucionario método de investigación de Holmes.

« "¿POR QUÉ NO LAS ESCRIBE USTED MISMO?", RESPONDÍ CON CIERTA ACRITUD.»

DOCTOR JOHN WATSON, *La aventura de Abbey Grange*, 1904

Gracias a Watson sabemos qué métodos aplicaba Holmes y cómo, todo un modelo para los investigadores modernos. La investigación forense, los perfiles psicológicos, la recolección de pruebas y su detenido análisis, las deducciones a partir de pistas aparentemente insignificantes, la meticulosa recopilación de datos... Holmes compiló su propia enciclopedia de delincuentes y recababa información de fuentes sorprendentes, como las columnas de consejos sentimentales o los anuncios por palabras en los periódicos. Además, era experto en escapar de situaciones al límite.

Al mismo tiempo, Watson nos ofrece un descarnado retrato de Sherlock Holmes como persona: cambios de humor, adicciones, un egocentrismo insufrible, una capacidad mental extraordinaria, un corazón frío, hábitos irritantes, manías, caprichos e incoherencias. Holmes es contraste y contradicción: exasperante e inspirador al mismo tiempo. Tiene una gran reputación como boxeador sin guantes, guarda una pistola en el cajón de su escritorio y se sube de tapadillo a las partes traseras de los carruajes para desplazarse; sin embargo, toca el violín, escribe monografías eruditas y es experto en códigos y cifrados.

Uno de los motivos por los que el Juego resulta tan adictivo es que Holmes y Watson son muy convincentes y están llenos de vida. Saltan de las páginas construidos en toda su plenitud, como si fuesen estatuas que escaparan del mármol. Es imposible no creer en ellos como seres humanos que viven y respiran. Se han convertido en iconos de la cultura internacional (hay sociedades de Sherlock Holmes en todo el mundo) y, juntos, son el molde del dúo compuesto por un detective excéntrico y un ayudante reticente que dominan la ficción detectivesca actual.

«¿CUÁNTAS VECES LE HE EXPLICADO QUE, UNA VEZ ELIMINADO LO IMPOSIBLE, LO QUE QUEDA, POR IMPROBABLE QUE PAREZCA, DEBE SER LA VERDAD?»

SHERLOCK HOLMES, *El Signo de los Cuatro*, 1890

SHERLOCK HOLMES

01

VIDA

«¿CÓMO ESTÁ? POR LO QUE VEO

HA ESTADO USTED EN AFGANISTÁN.»

Primeras palabras que Sherlock Holmes dirige al doctor Watson,
Estudio en escarlata, 1888

HA NACIDO UNA LEYENDA

Uno de los múltiples misterios que el doctor Watson no exploró es el irritante enigma del lugar de nacimiento de Sherlock Holmes. Este menciona de pasada que sus antepasados fueron «terratenientes», pero al normalmente diligente Watson no se le ocurre investigar dónde. Tampoco conocemos con certeza la fecha de nacimiento de Holmes, pero los tenaces sherlóckogos han aplicado el método deductivo del maestro y han llegado al consenso de que nació el 6 de enero de 1854. En realidad, la vida de Holmes empieza cuando conoce a Watson en 1881 y, juntos, se van a vivir al piso de solteros en el número 221B de Baker Street.

221B BAKER ST

REGENT'S PARK

OUTER CIRCLE

GLOUCESTER PLACE

BAKER STREET

MARYLEBONE ROAD

LONDRES

HOSPITAL DE SAN BARTOLOMÉ

Fundado en 1123, es el hospital más antiguo del Reino Unido. Fue aquí, en el laboratorio de química, donde Watson y Holmes se conocieron.

◀ **Oscar Wilde** (1854-1900) compartió año de nacimiento con Holmes, pero las similitudes acaban ahí: fue poeta, dramaturgo y esteta.

GRAN BRETAÑA

Censo de Inglaterra, Gales y Escocia: 29.707.207 habitantes, de los que casi 4,5 millones viven en Londres, una séptima parte.

EE. UU.

En Washington D.C., Charles J. Guiteau dispara al presidente estadounidense James Garfield, que fallece 79 días después.

PANAMÁ

Ferdinand de Lesseps inicia las obras del canal de Panamá, que ha de unir los océanos Pacífico y Atlántico. Se finalizan en 1914.

INGLATERRA

Godalming, en el sur de Inglaterra, es el primer lugar del mundo en conta con suministro público d electricidad. Sir Arthur Co Doyle vivía en Hindhead a unos 20 km de Godalming.

INGLATERRA

Se inaugura el Museo de Historia Natural de Londres.

AFGANISTÁN

Los últimos soldados británicos se retiran de Afganistán tras el fin de la segunda guerra anglo-afgana. La tercera estallará en 1919.

EL MUNDO EN 1881

Cuando Sherlock Holmes se introdujo en la conciencia mundial, el Imperio británico estaba en su cúspide y hacía tan solo cinco años que la reina Victoria había sido proclamada emperatriz de la India. Sin embargo, ya estaban apareciendo las primeras grietas. Tras una campaña bélica sin resultados, las fuerzas británicas se habían retirado de Afganistán y, mientras aún se lamían las heridas, sufrieron una derrota en Sudáfrica, donde fueron aplastadas por los bóers, en apariencia inferiores en número y sin ninguna posibilidad de victoria. Londres albergaba a una séptima parte de la población británica y la mayoría de sus habitantes eran, en palabras de Watson, desocupados y haraganes, aunque la innovación y la ingeniería seguían avanzando a menor velocidad. Mientras, otro personaje inolvidable, aunque muy distinto, entraba pisando con su pata de palo en la escena literaria y, al principio, también por entregas: Long John Silver, el pirata de piratas de Robert Louis Stevenson, debutó en *La isla del tesoro* en noviembre de 1881, en la revista infantil *Young Folks*.

SUDÁFRICA

La primera guerra de los Bóers termina con la derrota de los británicos. Los bóers consiguen el autogobierno en Transvaal (Sudáfrica).

VIDA

17

CURRICULUM VITAE

NOMBRE
SHERLOCK HOLMES

FECHA DE NACIMIENTO
6 DE ENERO DE 1854

FORMACIÓN

Sidney Sussex College, Cambridge, Inglaterra. No terminó la licenciatura

Química   Anatomía comparada   Fisiología

HABILIDADES CLAVE

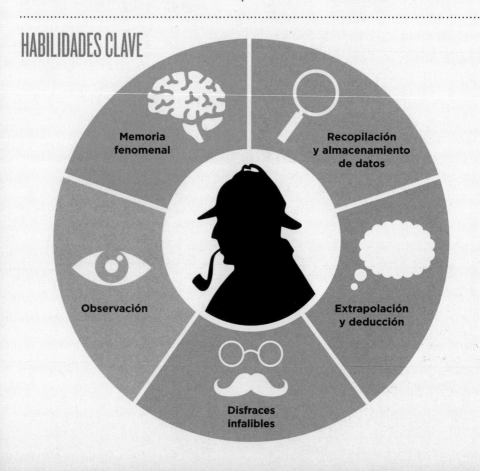

Memoria fenomenal

Recopilación y almacenamiento de datos

Observación

Extrapolación y deducción

Disfraces infalibles

EXPERIENCIA

Químico experimental y práctico

Conocimientos de anatomía

Conocimientos de botánica y de plantas venenosas

Conocimientos de geología y tipos de suelo

Conocimientos de derecho británico

Trabaja bien con perros

Sabe conducir carruajes

Buen olfato

Conocimientos de las características diferenciales de las máquinas de escribir

Ladrón de cajas fuertes

AFICIONES Y PASATIEMPOS

Violín

Artes marciales

Boxeo sin guantes

Música clásica

Literatura sensacionalista

Drogas

Inspira respuestas colaborativas y dirige a su equipo con eficiencia. Suele trabajar con:

DOCTOR JOHN H. WATSON
socio profesional, detective asociado, director de seguridad y archivero

LANGDALE PIKE
investigación, inteligencia y redes sociales

SHINWELL JOHNSON Y ASOCIADOS
contactos y compras

LOS IRREGULARES DE BAKER STREET
obtención de datos y servicios de mensajería

LOGÍSTICA HUDSON
servicios de catering y de conserjería

«Mis honorarios siguen una escala fija. No los varío, salvo cuando los perdono por completo.

Pago a la resolución del caso. Se acepta el pago en efectivo, cheques, metales preciosos y joyas.

En función de las circunstancias, se cobrarán los gastos por adelantado. No se hacen devoluciones.

Reservado el derecho a rechazar sin explicación los casos no interesantes.»

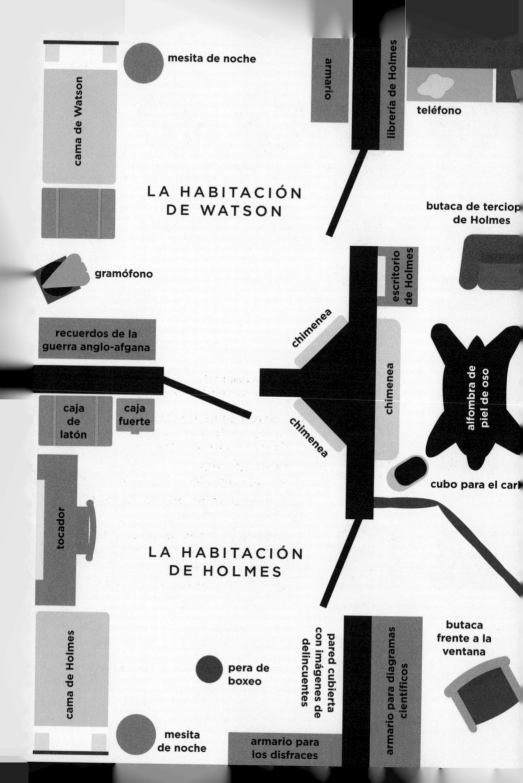

violín Stradivarius

escritorio de Holmes

fajos ligados de recortes de periódico

banco de química

mesa y sillas

butaca de cáñamo

utaca Watson

cortina para crear reservado

escritorio de Watson

mueble bar

HOGAR, DULCE HOGAR

«Un par de dormitorios cómodos y una única sala de estar, espaciosa, con muebles alegres e iluminada por dos grandes ventanas.» Así describió Watson el número 221B de Baker Street, una de las direcciones más famosas del mundo. Watson no fue del todo sincero, probablemente para proteger la intimidad de Holmes. Esa dirección jamás ha existido. En la época de Sherlock, los números nunca superaban los 100. Y Watson fue deliberadamente vago acerca de la distribución de las estancias, probablemente para confundir a los tiradores (y sobre todo al esbirro de Moriarty, el coronel Sebastian Moran). A pesar de todo, la descripción de los dormitorios es bastante precisa y el Museo de Sherlock Holmes, réplica del piso, ocupa hoy el número 239 de Baker Street, aunque el distrito ha tenido la amabilidad de permitirle adoptar el número 221B.

librería de Watson

MI QUERIDO WATSON...

El doctor John Hamish Watson era un veterano de guerra solitario, sin rumbo y con estrés postraumático cuando conoció a Sherlock Holmes, que lo cautivó al instante. A pesar de uno o dos matrimonios y de tres consultorios médicos consecutivos, Watson siempre estuvo a disposición de Holmes, actuando como caja de resonancia, guardaespaldas y cronista de su héroe, para quien era fuente de irritación y de inspiración a partes iguales. Dedicado a Holmes, pero no ciegamente, Watson aportaba calidez y emoción a la existencia más bien fría y cerebral del detective. Es casi tan memorable como su compañero y su nombre se convirtió en epónimo de todos aquellos ayudantes dedicados, leales, valientes y ligeramente obtusos que ahora pueblan la ficción detectivesca.

PISTOLA DE SERVICIO

Se cree que era un revólver Adams de retrocarga con cargador para seis balas de calibre 450.

RELOJ DE BOLSILLO

Heredado de Harry, el derrochador hermano mayor de Watson y cuya existencia deduce Holmes a partir del maltrecho estado del reloj.

HERIDA DE BALA

De la batalla de Maiwand (Afganistán).

FÍSICO ATLÉTICO

Watson era un buen atleta y había jugado al rugby.

PAÑUELO

Lo llevaba bajo el puño de la chaqueta, algo que, según Holmes, era señal de haber sido militar.

ANILLO DE BODA

Se casó con Mary Morstan en 1889; enviudó entre 1891 y 1894; se volvió a casar en segundas nupcias en 1903 con una mujer cuyo nombre se desconoce.

¿HERIDA DE BALA?

Posible ubicación de otra herida de guerra.

1852 Nace el 7 o el 8 de julio.

1874 Se licencia en medicina en la Universidad de Edimburgo.

1878 Se doctora en medicina en la Universidad de Londres y se forma como cirujano de campaña en el Royal Victoria Military Hospital (Netley, Southampton). Se une al Quinto de Fusileros de Northumberland y lo destinan a Afganistán, antes de su traslado al Regimiento Royal Berkshire.

1880 Herido en la batalla de Mainwand el 27 de julio de 1880.

1881 Conoce a Sherlock Holmes y se va a vivir con él.

1889 Se casa con Mary Morstan y compra su primer consultorio médico en Paddington.

1890 Se traslada a su segundo consultorio, en Kensington.

1902 Tercer consultorio médico en Queen Anna Street.

1903-1904 Sherlock Holmes se jubila.

1914 Trabaja en su último caso con Holmes. Se reincorpora al Ejército, en el Cuerpo Médico Real.

WATSON EN CIFRAS

17 años trabajando junto con Holmes

54 casos documentados trabajando junto con Holmes

3 consultorios médicos en Londres

2 casos en los que Watson aparece, pero que él no documenta

VIDA

23

EL LUCHADOR DE BAKER STREET

ARMAS USADAS POR HOLMES (WATSON INCLUIDO)

Aunque la mejor arma de Holmes era su fenomenal cerebro, también era un hombre de acción. Watson afirmaba que la fuerza muscular de Holmes era extraordinaria para tratarse de alguien que jamás «hacía ejercicio para entrenar», ayunaba con regularidad y era adicto a la cocaína y el tabaco. Era capaz de enderezar un atizador de hierro torcido, era un esgrimista hábil y afirmaba ser un experto en el uso de la vara. La fraternidad del boxeo sin guantes a la que había pertenecido echaba muchísimo de menos sus habilidades. Aunque, por lo general, dejaba las armas de fuego a Watson, para combatir el aburrimiento le gustaba hacer prácticas de tiro bajo techo con su revólver de gatillo delicado. Su arma preferida era un crop de caza cargado, pero para acabar con su archienemigo, el profesor Moriarty, recurrió a sus conocimientos de bartitsu, un nuevo arte marcial.

CROP DE CAZA CARGADO

REVÓLVER WEBLEY BULLDOG

Disparado   Usado como porra

VARA

PORRA

EL REVÓLVER ADAMS DE WATSON

Disparado   Usado como porra

ARPÓN

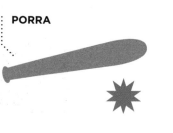

✸ = número de veces que se usó

PUÑOS DESNUDOS

ARMAS USADAS CONTRA HOLMES

PALO/VARA

PORRA

CARRUAJE CON CABALLOS DESBOCADOS

BARTITSU

ADOQUÍN

CUCHILLO

PISTOLA DE AIRE COMPRIMIDO OCULTA EN UN BASTÓN

REVÓLVER

VENENO

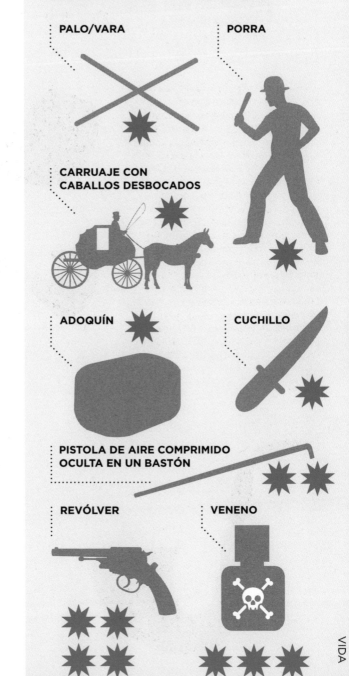

EL PROBLEMA DE LAS TRES PIPAS

CONSUMO DE NICOTINA

Sherlock tenía tres pipas

PIPA DE BREZO

PIPA DE ARCILLA

PIPA DE CEREZO

Holmes oscilaba permanentemente entre el letargo y la hiperactividad, algo que se veía reflejado en sus dos drogas preferidas: la nicotina (para reflexionar) y la cocaína (para escapar de la banalidad de la vida cotidiana). En la época de Holmes se consideraba al tabaco casi como un fitonutriente y ni la cocaína, la morfina o el opio eran ilegales. La cocaína se usaba como tónico nervioso (Freud era un gran defensor de su consumo). Por su parte, Watson tenía una opinión bastante adelantada acerca de sus efectos perniciosos. Al final, Holmes se libró del hábito, pero hasta el final fue un ávido fumador de pipa (su tabaco preferido era el negro de picadura), puros (sobre todo cubanos) y cigarrillos. Escribió una monografía sobre 140 tipos de ceniza de tabaco.

La pipa de calabaza NO aparece en el canon: el actor William Gillette la introdujo para interpretar a Sherlock Holmes en el escenario, porque la curvatura evitaba que la pipa le tapara la cara.

CONSUMO DE COCAÍNA

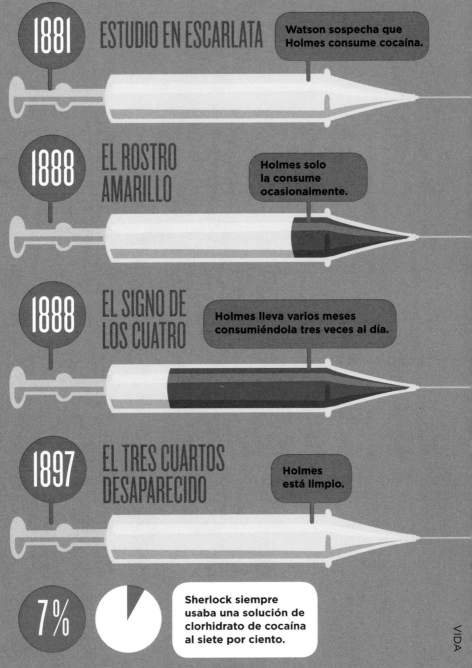

1881 ESTUDIO EN ESCARLATA

Watson sospecha que Holmes consume cocaína.

1888 EL ROSTRO AMARILLO

Holmes solo la consume ocasionalmente.

1888 EL SIGNO DE LOS CUATRO

Holmes lleva varios meses consumiéndola tres veces al día.

1897 EL TRES CUARTOS DESAPARECIDO

Holmes está limpio.

7%

Sherlock siempre usaba una solución de clorhidrato de cocaína al siete por ciento.

SÉ UN POCO DE BARITSU...

El ingeniero civil E. W. Barton-Wright (1860-1951) ideó el bartitsu (Watson lo escribía mal), un arte marcial que se puso muy de moda en Londres entre 1898 y 1903. Se trataba de una combinación de jiu-jitsu, boxeo y combate con vara (Holmes dominaba las tres habilidades) que permitía derribar a un rufián con nada más que un bastón de paseo, una silla, una bicicleta, una chaqueta o las manos desnudas. Watson no explica cómo ni cuándo aprendió Holmes este arte de lucha con el que finalmente derrotó a Moriarty, pero es posible que asistiera a la Bartitsu Academy of Arms and Physical Culture que Barton-Wright tenía en el West End londinense. Cerró en 1902.

01

Tiende la mano a tu oponente, agárralo por la muñeca derecha y retuércele el brazo hacia arriba.

03

Mantén los pies firmemente plantados en el suelo mientras tu oponente se adelanta y gira el torso hacia la derecha, de modo que tu brazo izquierdo rodee el brazo derecho de tu oponente.

02

Échate hacia atrás y tira bruscamente de tu oponente hacia ti.

04

Coloca la otra mano bajo el brazo de tu oponente, agarra tu propia muñeca y limita sus movimientos.

CÓMO FUNCIONA EL BARTITSU

Los principios del bartitsu podrían resumirse así:

- Desequilibrar al oponente.

- Sorprenderlo antes de que tenga tiempo de recuperar el equilibrio y usar la fuerza.

- Si es necesario, someter las articulaciones de cualquier parte del cuerpo de tu oponente, ya se trate del cuello, hombro, codo, muñeca, espalda, rodilla, tobillo... a una tensión que sea anatómica y mecánicamente imposible de soportar.

CATARATAS DE REICHENBACH

PUENTE

ALTURA DE LA GRAN CASCADA SUPERIOR

120 m

290 m

ALTURA TOTAL DE LAS CASCADAS

GRAN CASCADA SUPERIOR

7 ESCALONES

El 4 de mayo de 1891, Sherlock Holmes acabó con su archienemigo, el profesor James Moriarty, al que lanzó a las cataratas de Reichenbach durante un combate cuerpo a cuerpo. Para conseguirlo, se sacrificó a sí mismo y se lanzó también al vacío. ¿O no? De hecho, ¿en realidad cayó alguno de los dos al agua? Los cadáveres no se hallaron nunca, a pesar de que las cataratas entregan con regularidad los cuerpos de escaladores insensatos. Al crédulo Watson se le partió el corazón: estaba convencido de la muerte de Holmes, que le había dejado una nota de despedida, y, además, no había huellas que se alejaran del borde del precipicio. Sin embargo, tres años después, en la primavera de 1894, Holmes reapareció en Baker Street, acabó con el coronel Sebastian Moran (esbirro de Moriarty y el último enemigo de Holmes) y reanudó su vida de estimulante investigación.

RÍO AAR

SUIZA

UN RASTRO DE PISTAS

- La ruta hasta la repisa: hay que ascender hasta la cima, cruzar un puente y bajar por el otro lado para llegar a la repisa.

- Hay un camino que sube por uno de los lados, a la izquierda si se lo mira de frente.

- Hay dos tipos de pisadas que llegan al borde, pero ninguna en el sentido contrario. También hay señales de lucha.

- Holmes deja su pitillera de plata para que Watson la encuentre. En el interior hay tres hojas de papel, con la nota de Holmes a Watson.

LAS CASCADAS DE REICHENBACH

Las cascadas son una catarata de siete escalones en el arroyo Rychenbach, afluente del río Aar, que discurre hasta el lago de Brienz. La caída del agua es prácticamente vertical y la fuerza de la misma ha erosionado la roca de detrás, que ha quedado cóncava.

30 m^3

flujo de agua por segundo

DISCURRE HASTA EL LAGO DE BRIENZ

VIDA

LA ÚLTIMA REVERENCIA

Aunque no sabemos con certeza cuándo murió Sherlock Holmes, el consenso es que fue en 1918. Según el propio Sherlock, en algún momento de 1903 se mudó a Sussex (probablemente a East Dean, cerca de Eastbourne) para dedicarse a la apicultura, lo que resulta sorprendente, dado que Watson ya había explicado que «el aprecio por la naturaleza no era uno de sus múltiples talentos». Incluso escribió un manual de apicultura. En 1912 respondió a la llamada de su país y dedicó dos años a un elaborado plan para acabar con una trama de espionaje alemana. Lo consiguió en agosto de 1914, a las puertas de la guerra. Watson lo acompañó, pero la historia no se escribió hasta 1917, probablemente obra de Arthur Conan Doyle, el agente literario de Watson.

EAST DEAN, SUSSEX

SHERLOCK HOLMES

02
MUNDO

«HALLÁNDOME EN SEMEJANTE COYUNTURA, GRAVITÉ NATURALMENTE HACIA LONDRES, SUMIDERO ENORME DONDE VAN A DAR DE MANERA FATAL CUANTOS DESOCUPADOS Y HARAGANES CONTIENE EL IMPERIO.»

DOCTOR JOHN WATSON, *Estudio en escarlata*, 1888

¡GOBIERNA, BRITANIA!

Inglaterra

China

India

Canadá

Sudáfrica

Afganistán

Australia

Nueva Zelanda

Irlanda

1918
Muerte de
Sherlock
Holmes

1916
Alzamiento
de Pascua

1910
Coronación
de Jorge V

1910
Muerte de
Eduardo VII

1907
Nueva Zelanda
adquiere el
estatus de
dominio

1902
Coronación
de
Eduardo VII

1901
Australia
adquiere el
estatus de
dominio

1901
Muerte de la
reina Victoria

1900-19
Rebelió
de los bóx

Holmes vivió y trabajó en Londres, la mayor ciudad del mundo en la época y el corazón del Imperio británico, que, en su punto álgido, fue el mayor imperio de toda la historia. La vida y la carrera de Holmes abarcaron la segunda mitad de lo que algunos historiadores británicos llaman el siglo imperial (1815-1914), cuando Gran Bretaña irradiaba seguridad en sí misma y gozaba de una verdadera grandeza imperial. El largo reinado de Victoria (1837-1901) trajo estabilidad, seguridad y riqueza, además de complacencia y arrogancia, y las inteligentes alianzas matrimoniales de sus hijos y de sus nietos llevaron a que Gran Bretaña controlara no solo sus colonias, sino también la mayor parte de Europa.

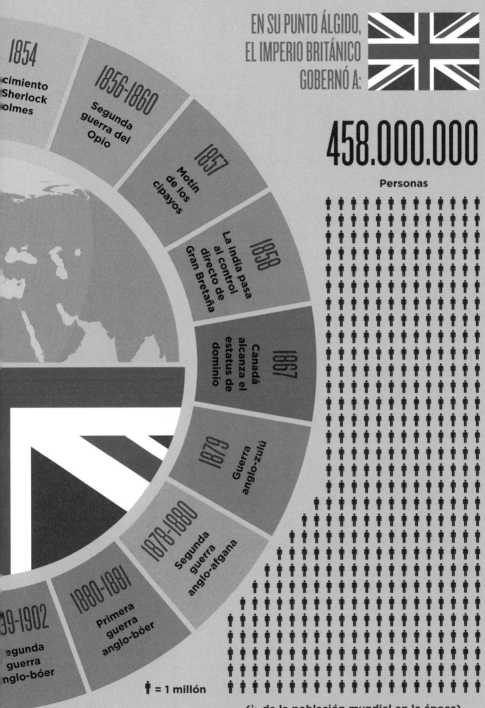

1854
cimiento
Sherlock
olmes

1856-1860
Segunda
guerra del
Opio

1857
Motín
de los
cipayos

1858
La India pasa
al control
directo de
Gran Bretaña

1867
Canadá
alcanza el
estatus de
dominio

1879
Guerra
anglo-zulú

1878-1880
Segunda
guerra
anglo-afgana

1880-1881
Primera
guerra
anglo-bóer

99-1902
egunda
guerra
nglo-bóer

EN SU PUNTO ÁLGIDO,
EL IMPERIO BRITÁNICO
GOBERNÓ A:

458.000.000

Personas

🚶 = 1 millón

(¼ de la población mundial en la época)

The Daily Post

JACK EL DESTRIPADOR

¿Por qué no investigó Holmes el caso más célebre del siglo? Jack el Destripador emprendió su oleada de asesinatos entre agosto y noviembre de 1888, cuando Holmes estaba en su mejor momento. ¿Nunca se lo pidieron? ¿Quizá trabajó en el caso y lo resolvió, pero lo persuadieron para que no hiciera nada al respecto por motivos políticos? ¿Obligaron a Watson a destruir su narración de la investigación? ¿Rechazó Holmes el nombramiento de caballero porque el recién coronado Eduardo VII era el padre del príncipe Alberto Víctor, uno de los sospechosos? ¿Fue Moriarty? ¿O, sencillamente, el caso era demasiado aburrido para interesar a Sherlock? No lo sabremos nunca.

PERFIL DEL ASESINO

Hábil con el cuchillo.

Médico o carnicero (conocimientos anatómicos).

Vivía o trabajaba en Whitechapel.

Odio patológico hacia las mujeres, especialmente hacia las prostitutas.

Trabajaba (los asesinatos eran en fines de semana).

UN ASESINO LLAMADO JACK

El 27 de septiembre de 1888, la Central News Agency recibió una carta dirigida a «El Jefe» y firmada por «Jack el Destripador». La nota confesaba el asesinato de Annie Chapman y prometía que, en su próximo ataque, le «cortaré las orejas a la dama». Aunque, al principio, se pensó que era un engaño, cuando se encontró el cuerpo de Catherine Eddowes con un lóbulo cortado, Scotland Yard hizo pública la carta y el nombre quedó fijado para siempre.

11

Asesinatos en total, aunque solo cinco se reconocen como obra del Destripador.

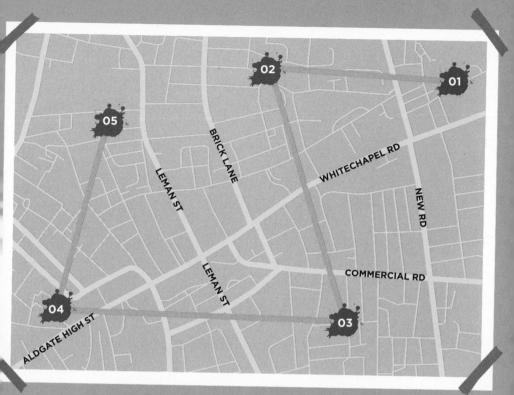

LAS VÍCTIMAS

01 MARY ANN NICHOLS
asesinada el viernes
31 de agosto

02 ANNIE CHAPMAN
asesinada el sábado
8 de septiembre

03 ELIZABETH STRIDE
asesinada el domingo
30 de septiembre

04 CATHERINE EDDOWES
asesinada el domingo
30 de septiembre

05 MARY JANE KELLY
asesinada el viernes
9 de noviembre

SOSPECHOSOS NADA HABITUALES

Hubo muchas teorías acerca de la identidad y la profesión del Destripador, pero las autoridades jamás se pusieron de acuerdo en ninguna. La cobertura periodística fue muy intensa y la lista de sospechosos superó los 100, aunque nunca se llegó a acusar a nadie. Desde entonces, ha habido varios sospechosos a posteriori que jamás se tuvieron en cuenta en la época. Uno de ellos es el asesino en serie estadounidense H. H. Holmes (sin ningún parentesco con Sherlock) y el artista Walter Sickert. Arthur Conan Doyle propuso la teoría de que Jack el Destripador era, en realidad, «Jill la Destripadora».

MUNDO

EL LONDRES DE HOLMES

Holmes conocía Londres como la palma de su mano, tanto los laberínticos y sucios callejones como las avenidas arboladas, además de las zonas portuarias en las dos riberas del Támesis y muchos de sus suburbios. Londres estaba tan incrustado en su mente que podía decir con exactitud dónde se encontraba, aunque estuviera rodeado de niebla espesa, con solo oír el ruido de las ruedas de los carruajes sobre los adoquines y el asfalto. Cuando no iba en carruaje, Holmes patrullaba las peores calles de Londres a pie durante largos paseos que, según nos informó Watson, «acostumbraban a llevarlo a las zonas más bajas de la City». A partir de los casos que Watson escribió, parece que Holmes sentía predilección por el este y el sudeste de la ciudad.

El crecimiento anárquico de Londres se puso bajo cierto control a partir de 1888, con la aprobación de la Local Government Act, que instauró los municipios independientes (como el de Londres), gobernados por ayuntamientos elegidos directamente. Estos se encargaron de desarrollar normativas para regular la construcción y estandarizar el control de los servicios públicos de la ciudad, como el alcantarillado, las calles y el alumbrado público. En 1899, la London Government Act estableció 28 distritos metropolitanos, dependientes del Ayuntamiento de Londres.

HAMPSTEAD

ST PANCA

ST MARYLEBONE

PADDINGTON

HAMMERSMITH

KENSINGTON

WESTMINST

CHELSEA

FULHAM

BATTERSE

WANDSWORTH

DIVISIÓN DE CLASES POR DISTRITOS (1880-1890)

- «La ciudad de Holmes»
- Zonas de clase alta
- Barrios respetables
- Barrios respetables de clase media
- Artesanos respetables
- Clases bajas

STOKE NEWINGTON

HACKNEY

ISLINGTON

SHOREDITCH

BETHNAL GREEN

FINSBURY

BORN

CITY OF LONDON

STEPNEY

POPLAR

SOUTHWARK

BERMONDSEY

WOOLWICH

GREENWICH

DEPTFORD

LAMBETH

CAMBERWELL

LEWISHAM

28
distritos
londinenses
en 1888

33
distritos
londinenses
en la
actualidad

¡SIGA A ESE CARRUAJE!

La vida de Holmes coincidió aproximadamente con la época del máximo apogeo de los vehículos tirados por caballos (c. 1850-1910). Holmes no hubiera podido ejercer su trabajo sin los carruajes que lo llevaban a toda velocidad a las escenas del crimen, le permitían seguir a informantes o lo devolvían a Baker Street para el desenlace. Solía ser un Hansom, el carruaje preferido de los londinenses, porque era rápido, ligero, fácil de maniobrar, barato y omnipresente (en 1900 rodaban más de 11.000 Hansoms por las calles de la ciudad). A veces Holmes optaba por un Clarence (un carruaje de cuatro ruedas tirado por uno o dos caballos para transportar a más de dos personas y su equipaje) o, de vez en cuando, incluso un carruaje ligero.

Asiento elevado con muelles para el conductor

Asientos de piel

Ventanas laterales con persianas

Medias puertas plegables de madera acolchadas para proteg las piernas

Parachoques para proteger a los pasajeros de las piedras que levantan los cascos de los caballos

Escalón de 46 cm

Autorizado para llevar a

2-3

PASAJEROS

CABALLO

normalmente un Hackney, criado por su resistencia, fuerza e inteligencia

Riendas muy largas, para que pasen por encima del techo

Todos los modelos se basan en un prototipo de 1834 de Joseph Aloysius Hansom (1803-1882), que John Chapman (1801-1854) refinó y mejoró

Ruedas de caucho (modelos a partir de la década de 1890)

2

RUEDAS

Paso recomendado:

TROTE

Centro de gravedad bajo, por seguridad

NIEBLA
NOCTURNA

VISIBILIDAD

Los habitantes de Londres llevaban conviviendo con la niebla espesa (causada por la combustión de carbón traído por mar) desde el siglo XIII. En la década de 1880, la ciudad se asfixiaba bajo letales cortinas parduzcas de hollín y azufre. En 1880, Francis Rollo Russell escribió un panfleto angustiado, *London Fogs*, donde culpaba de la niebla al aumento incesante de las chimeneas domésticas, pero no se le hizo demasiado caso. La niebla pasó a formar parte de la experiencia londinense: además de provocar enfermedades pulmonares crónicas y angustia existencial, era una capa de invisibilidad perfecta para todo tipo de actividades delictivas. Watson nunca la llamó «sopa de guisantes» (un término acuñado en 1834) y Charles Dickens dijo que era una «particularidad de Londres» en *Casa desolada* (1852).

11.776 personas murieron en tres días durante la Gran Niebla de Londres en 1880

3m   **6**m   **8**m   **11**m

LA NIEBLA DESCRITA POR SHERLOCK HOLMES

● «amarillo denso»
La aventura de los planos del Bruce-Partington

● «niebla densa y húmeda» y «nubes multicolores»
El Signo de los Cuatro

● «pesadas guirnaldas amarillas»
La aventura de la finca de Copper Beeches

● «velo parduzco»
Estudio en escarlata

VÍAS SANGRIENTAS

Cuando no iba en carruaje, Holmes hacía un uso prodigioso del ferrocarril, al igual que la mayoría de los londinenses. Desde su construcción en 1836, el ferrocarril revolucionó la vida cotidiana, democratizó los viajes, transportó alimentos frescos, creó oportunidades de trabajo, amplió el acervo genético y dio lugar a la industria del ocio. En 1854, casi 10 millones de personas recorrían al año los prácticamente 10 000 km de vías. Todos los hogares, incluido el de Holmes, contaban con su *Bradshaw's*, la guía indispensable que coordinaba los horarios de las aproximadamente 100 compañías ferroviarias que operaban las líneas que entraban, cruzaban y salían de Londres.

LAS 12 ESTACIONES TERMINALES DE LONDRES POR ORDEN DE INAUGURACIÓN:

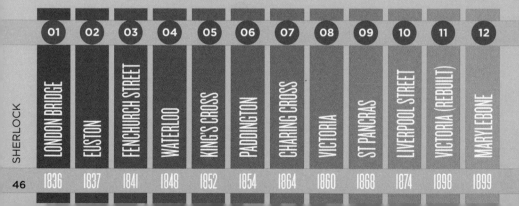

01	02	03	04	05	06	07	08	09	10	11	12
LONDON BRIDGE	EUSTON	FENCHURCH STREET	WATERLOO	KING'S CROSS	PADDINGTON	CHARING CROSS	VICTORIA	ST PANCRAS	LIVERPOOL STREET	VICTORIA (REBUILT)	MARYLEBONE
1836	1837	1841	1848	1852	1854	1864	1860	1868	1874	1898	1899

39

Aventuras de Holmes incluyen un tren.

314 hectáreas

La superficie propiedad de compañías ferroviarias en 1900. Es más que el tamaño de la City londinense, que ocupa 290 hectáreas.

1

Caso en el que el crimen se cometió en la vía.

8

Estaciones terminales mencionadas por su nombre (Paddington, Charing Cross, Victoria, Waterloo, Liverpool Street, London Bridge, Euston y King's Cross).

La cantidad de compañías ferroviarias distintas activas en la época de Holmes:

+100

CSI BAKER STREET

La investigación forense de las escenas del crimen estaba en su primera infancia cuando Holmes agarró su lupa. Scotland Yard no incorporó un sistema de huellas dactilares hasta 1901 y los análisis de sangre eran imprecisos y poco eficientes. Holmes se adelantó a su tiempo en muchos aspectos: era una prodigiosa combinación de científico forense y de experto en perfiles psicológicos que usaba el análisis de restos, manchas de sangre, pisadas, huellas dactilares, marcas de neumáticos, balística y grafología, además de la extrapolación, para deducir cuál era el sospechoso más probable a partir de los datos observados y resolver así los casos. Sorprendentemente, jamás usó una cámara fotográfica para documentar las evidencias, aunque en la década de 1880 ya estaban disponibles en prácticos formatos portátiles. En la parte final de su carrera usó fotografías para procesos de identificación y para estudiar pruebas post mortem.

HUELLAS DACTILARES

3
CASOS

GRAFOLOGÍA

II
CASOS

RESTOS DE PRUEBAS

(ceniza de puro, tierra, materia vegetal)

5
CASOS

ESCRITURA MANUAL

MÁQUINA DE ESCRIBIR

Estudio en escarlata es el primer relato de ficción detectivesca donde la lupa forma parte del material de investigación.

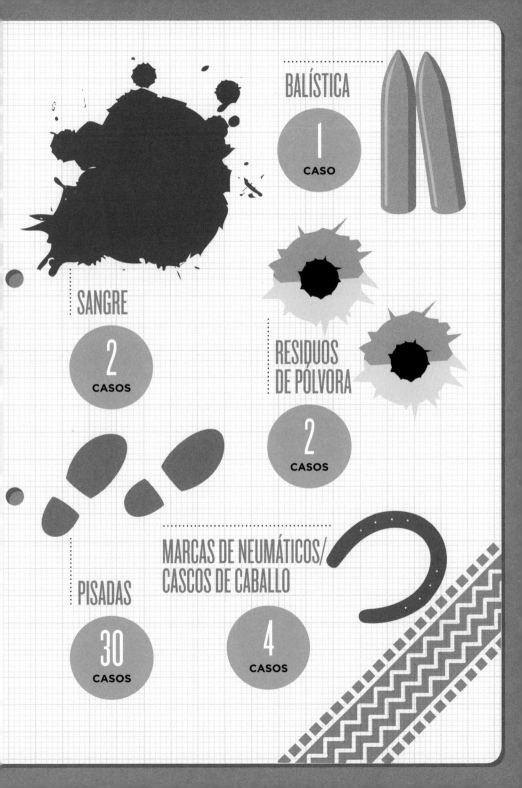

BALÍSTICA

1
CASO

SANGRE

2
CASOS

RESIDUOS
DE PÓLVORA

2
CASOS

PISADAS

30
CASOS

MARCAS DE NEUMÁTICOS/
CASCOS DE CABALLO

4
CASOS

711
NÚMEROS

The Strand se fundó en diciembre de 1891...

Editada por Herbert Greenhough Smith entre 1891 y 1930

CIRCULACIÓN

500.000
400.000
300.000
200.000
100.000
0

Escándalo en Bohemia se publica en julio de 1891.

El sabueso de los Baskerville se publica en nueve entregas entre agosto de 1901 y abril de 1902.

1890   1895   1900   1905   1910   19

Las revistas mensuales eran la principal fuente de novedades de ficción y de ocio para las masas de la clase media y *The Strand Magazine* fue una de las más exitosas. George Newnes la fundó en 1891 y ofrecía buenas lecturas, rompecabezas y una imagen en (casi) todas las páginas por la mitad del precio que la competencia. Sherlock y *The Strand* estaban hechos el uno para el otro. La publicación no hubiera tenido tanto éxito de no haber informado con regularidad acerca de las aventuras de Holmes y es posible que el celebrado detective jamás hubiera llamado la atención del mundo de no haber sido por *The Strand Magazine*.

... y duró hasta marzo de 1950

Editada por Douglas Edward Macdonald Hastings entre 1930 y 1950

La aventura de Shoscombe Old Place se publicó en abril de 1927 y es el último relato de Sherlock Holmes.

La circulación se fue reduciendo gradualmente y la revista no se recuperó de la Segunda Guerra Mundial. Cerró en marzo de 1950.

The Strand Magazine publicó los 56 relatos, además de *El valle del terror* y *El sabueso de los Baskerville*. No publicó ni *Estudio en escarlata* ni *El Signo de los Cuatro*.

1920   1925   1930   1935   1940   1945   1950

EL FINAL DE UNA ERA

Victoria ocupó el trono durante casi toda la vida de Holmes. Su fallecimiento en 1901, unos años antes de que el detective se jubilara, supuso el fin de una era muy larga. Eduardo VII, su hijo, gobernó con mano más suave y fue el introductor de la cultura moderna en el país. Falleció tras un breve reinado de ocho años y su hijo Jorge V ascendió al trono. Holmes siguió investigando y su último caso fue para el rey y el país.

«Holmes... se sentó en una butaca... y procedió a adornar la pared opuesta con un patriótico VR [Victoria Regina] con agujeros de bala.»

Número de casos registrados durante el reinado de la

REINA VICTORIA
(1837-1901)

48

Número de casos registrados durante el reinado del

REY EDUARDO VII
(1902-1910)

Y solo un caso durante el reinado de Jorge V (1910-1939)

SHERLOCK HOLMES

03
OBRA

«ME LLAMO SHERLOCK HOLMES Y MI TRABAJO CONSISTE EN SABER LO QUE OTROS NO SABEN.»

SHERLOCK HOLMES, *La aventura del carbunclo azul*, 1892

UNA CRONOLOGÍA DE HOLMES

Cuando Watson escribió las narraciones de parte de los casos de Holmes ya habían pasado algunos años de los mismos. Aunque solía fecharlos, no era un cronista muy coherente y, además, a veces Holmes censuró las fechas exactas, debido a la delicada relación de confidencialidad entre investigador y cliente. Estas son las fechas en que sucedieron los casos.

Años (eje vertical): 1914, 1913, 1912, 1911, 1910, 1909, 1908, 1907, 1906, 1905, 1904, 1903, 1902, 1901, 1900, 1899, 1898, 1897, 1896, 1895, 1894, 1893, 1892, 1891, 1890, 1889, 1888, 1887, 1886, 1885, 1884, 1883, 1882, 1881, 1880, 1879, 1878, 1877, 1876, 1875

WATSON NO INTERVINO

Casos (eje horizontal):
- La corbeta «Gloria Scott»
- El Ritual de Musgrave
- Estudio en escarlata
- La aventura de la banda de lunares
- La cara amarilla
- La aventura de Shoscombe Old Place
- El paciente interno
- La aventura del carbunclo azul
- Las cinco semillas de naranja
- El hidalgo de Reigate
- Un caso de identidad
- La aventura del detective moribundo
- El intérprete griego
- Escándalo en Bohemia
- El misterio del valle de Boscombe
- El Signo de los Cuatro
- El valle del terror
- El hombre del labio torcido
- La aventura del dedo pulgar del ingeniero
- La aventura del aristócrata solterón
- La aventura de la finca de Copper Beeches
- El empleado de correduría de bolsa
- El hombre encorvado
- El tratado naval
- La aventura de la segunda mancha
- El sabueso de los Baskerville
- La aventura de la diadema de berilos
- Estrella de plata
- La aventura de la Liga de los Pelirrojos

SHERLOCK

56

1914
1913
1912
1911
1910
1909
1908
1907
1906
1905
1904
1903
1902
1901
1900
1899
1898
1897
1896
1895
1894
1893
1892
1891
1890
1889
1888
1887
1886
1885
1884
1883
1882
1881
1880
1879
1878
1877
1876
1875

La aventura del círculo rojo
La aventura de la casa deshabitada
La aventura del constructor de Norwood
La aventura de los lentes de oro
La aventura del ciclista solitario
La aventura del Negro Peter
La aventura de los tres estudiantes
La aventura del pabellón Wisteria
La aventura de los planos del Bruce-Partington
La aventura del vampiro de Sussex
La aventura de la inquilina del velo
La aventura del tres-cuartos desaparecido
La aventura de Abbey Grange
La aventura del pie del diablo
La aventura de los bailarines
La aventura del fabricante de pinturas retirado
La aventura de Charles Augustus Milverton
El problema del puente de Thor
La aventura de los seis napoleones
La aventura del colegio Priory
La aventura del cliente ilustre
La aventura de los tres Garrideb
La desaparición de lady Frances Carfax
La aventura de los tres gabletes
La aventura del soldado de la piel decolorada
La aventura del hombre que reptaba
La aventura de la piedra preciosa de Mazarino
La aventura de la melena del león
Su última reverencia

UN MAESTRO DEL DISFRAZ

Holmes era un científico, pero también tenía aspiraciones dramáticas. Acostumbraba a recurrir a los disfraces (con los que conseguía engañar incluso a Watson) y una vez se sumergió tanto en el papel que llegó a comprometerse con la criada del delincuente al que perseguía. También era experto en fingir enfermedades, lesiones o problemas mentales para confundir a sus enemigos y encarnaba personajes distintos siempre que era necesario.

Novio borracho

Sacerdote anciano

Adicto al opio destrozado

Vagabundo

Cura italiano

Librero anciano

Sigerson, explorador noruego

Obrero francés con porra

Altamont, agente doble irlandés-estadounidense

Obrero

Deportista anciano

Anciana

Marinero joven

Marinero anciano asmático

Basil, capitán de ballenero

Scott, fontanero

LEYENDA DE LOS CASOS

- *Escándalo en Bohemia*
- *El hombre del labio torcido*
- *La aventura de la diadema de berilos*
- *El problema final*
- *La aventura de la casa deshabitada*
- *La desaparición de lady Frances Carfax*
- *Su última reverencia*
- *La aventura de la piedra preciosa de Mazarino*
- *El Signo de los Cuatro*
- *La aventura del Negro Peter*
- *La aventura de Charles Augustus Milverton*
- **De incógnito**

FINGE ESTAR ENFERMO O HERIDO

Escándalo en Bohemia
Finge salir herido en una pelea callejera orquestada.

La aventura del colegio Priory
Finge un esguince de tobillo.

La aventura del detective moribundo
Finge morir de una enfermedad tropical.

El hidalgo de Reigate
Finge una crisis nerviosa.

ACTIVIDADES DELICTIVAS

MUERTES POR*

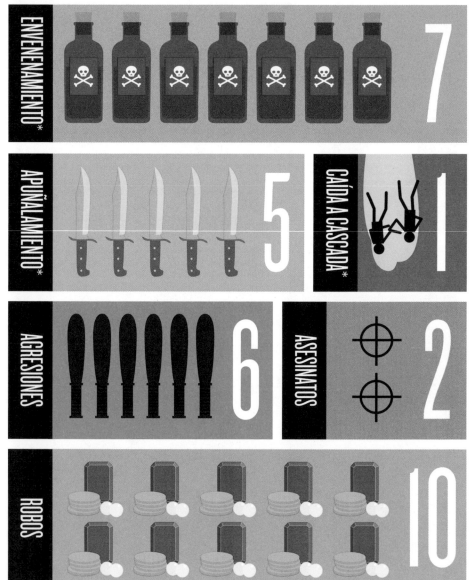

ENVENENAMIENTO* 7

APUÑALAMIENTO* 5

CAÍDA A CASCADA* 1

AGRESIONES 6

ASESINATOS 2

ROBOS 10

Holmes prefería los casos que alimentaban a su voraz cerebro y siempre se lo podía atraer con algún detalle misterioso. No estaba especializado en nada y asumió una gran variedad de retos: desde escándalos que involucraban a la alta sociedad hasta humildes problemas domésticos, pasando por toda una serie de fechorías burguesas y por malhechores de clase media. No todos los casos entrañaban un delito: el anzuelo era siempre desvelar un misterio aparentemente irresoluble, sobre todo si la policía mostraba su desconcierto habitual.

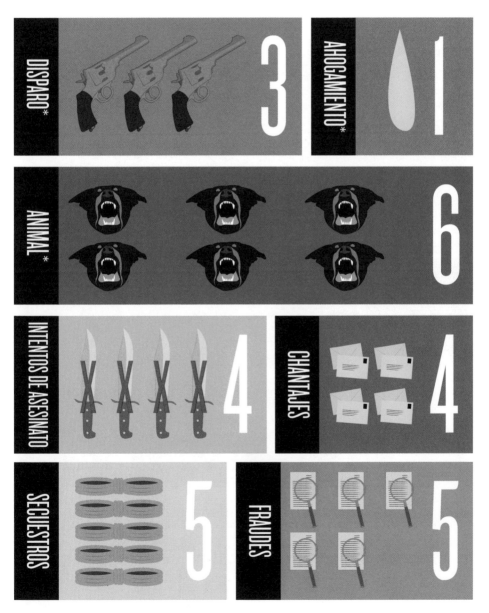

DISPARO* 3

AHOGAMIENTO* 1

ANIMAL* 6

INTENTOS DE ASESINATO 4

CHANTAJES 4

SECUESTROS 5

FRAUDES 5

ELEMENTAL

Holmes era un químico de primera y, lo conocemos mientras desarrolla un nuevo método para analizar residuos de sangre. En su casa hay un rincón dedicado a la química, con una mesa de madera con marcas de ácido, hileras de pipetas y retortas y un quemador Bunsen. Ninguno de los casos sobre los que escribió Watson requirió directamente las habilidades de Holmes como químico (aunque las menciona de pasada en algunos), pero a Holmes le gustaba hacer experimentos químicos para relajarse o concentrar su pensamiento en otros temas cuando se enfrentaba a un problema complejo.

* = elemento real
\+ = compuesto químico real
º = sustancia química real
¿ = sustancia química ficticia

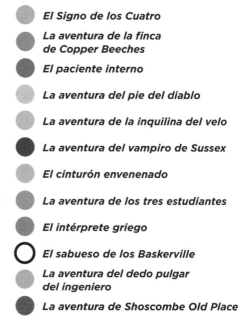

Cobre *	Zinc *	Arcilla º	Acetona + C_3H_6O
Cu 29	**Zi** 30	**Cl**	**Ac**
Fósforo *	**Derivados del alquitrán º**	**Opio º**	**Radix pedis diaboli ¿**
P 15	**Ct**	**Op**	**Ra**
Sal + NaCl	**Ácido carbólico +** C_6H_6O	**Ácido clorhídrico +** HCl	**Barita +** $Ba(OH)_{2x}$
Sa	**Ca**	**Ha**	**By**

Creosota º

Cs

Yeso de París +
$2CaSO_4H_2O$

Pp

Hidrocarburos º

Hy

Morfina +
$C_{17}H_{19}NO_3$

Mo

Estricnina +
$C_{21}H_{22}N_2O_2$

St

Etanol +
C_2H_5OH

Eh

Ácido prúsico +
HCN

Pr

Cloroformo +
$CHCl_3$

Cf

Alcaloide
vegetal º

Va

Oro *

Au 79

Nicotina +
$C_{10}H_{14}N_2$

Nc

Cocaína +
$C_{17}H_{21}NO_4$

Co

Ácido sulfúrico +
H_2SO_4

Su

Carbón º

Ch

Estaño *

Sn 50

Níquel *

Ni 28

Belladona +
$C_{34}H_{42}N_2O_4$

Be

Éter +
$(C_2H_5)_2O$

Et

Nitrito de
amilo +
$C_5H_{11}NO_2$

Nc

Curare +
$C_{37}H_{42}Cl_2N_2O_6$

Cr

OBRA

Chesterfield   Birmingham   Hereford   Bedfo

Pinner

Chiswick

Hammersmith

Harrow

Fulham

Marylebone   Blooms

Baker
Street

Kingston

Whitehall

Covent
Garden

City
Lond

Vauxhall

Wimbledon

Clapham   Lambeth   Streatham

Norbury

Aldershot

Woking

Croydon

Reading   Oxshott

Farnham

Eshe

Winchester

ESCENAS DEL CRIMEN

Holmes llevó a cabo la mayoría de su trabajo en Londres. Aunque
a veces visitaba escenas sangrientas y caóticas en bucólicos
entornos rurales, se sentía mucho más cómodo en las malas
calles y los muelles de la ciudad y tenía, como mínimo, cinco
escondrijos, aparte de su cuartel general en Baker Street. Gran
parte de los casos que nos han llegado lo llevaron a los nuevos
suburbios londinenses (sobre todo al sudeste de la ciudad).
Es posible que Watson solo escribiera acerca de dos de sus
casos en el extranjero por cuestiones diplomáticas.

Dartmoor

Helston

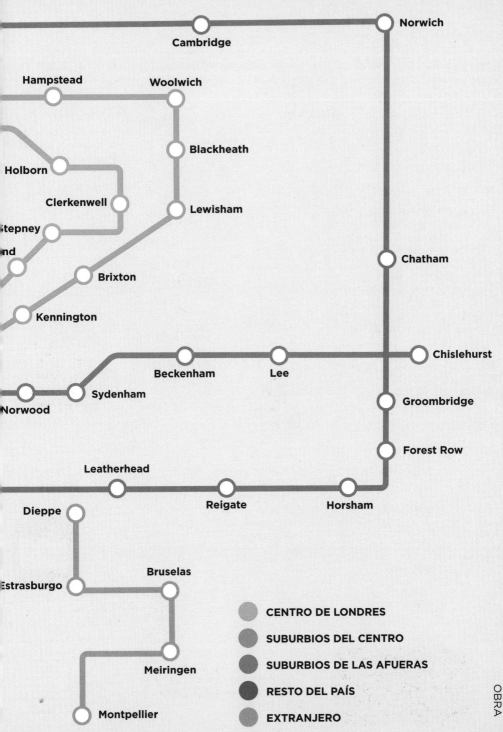

Cambridge

Norwich

Hampstead

Woolwich

Holborn

Blackheath

Clerkenwell

Stepney

Lewisham

nd

Brixton

Chatham

Kennington

Beckenham

Lee

Chislehurst

Norwood

Sydenham

Groombridge

Forest Row

Leatherhead

Reigate

Horsham

Dieppe

Bruselas

Estrasburgo

Meiringen

Montpellier

CENTRO DE LONDRES

SUBURBIOS DEL CENTRO

SUBURBIOS DE LAS AFUERAS

RESTO DEL PAÍS

EXTRANJERO

NOTAS DEL CASO I: ESTUDIO EN ESCARLATA

Esta fue la primera aventura que compartieron Watson y Holmes (1881) y también la primera que se puso por escrito (1888). En ella Watson presentaba la metodología de Holmes y demostraba la eficacia de la observación forense y de los poderes de deducción de Sherlock. El caso trata del descubrimiento de un cadáver en un edificio abandonado. Sherlock examina minuciosamente las huellas de pisadas y de neumáticos, comprende de inmediato la importancia de la alianza de bodas, que le ayudará a resolver el caso.

DELITO:

Asesinato

....

VÍCTIMAS:

2

....

MOTIVO:

Venganza amorosa

La palabra RACHE, «venganza» en alemán, aparece escrita con sangre en la pared en ambos casos.

Rostro desfigurado por el terror y la agonía causada por el veneno

Chistera, junto al cuerpo

ENOCH DREBBER

Alianza de bodas bajo el cuerpo de la víctima

ESCENA DEL CRIMEN:

Lauriston Gardens, en Brixton

Sangre ajena a la víctima, que luego se descubre que se debe a una hemorragia nasal

PASTILLAS

La víctima llevaba botas de charol de puntera redonda

Está tendido de espaldas, con los brazos abiertos y las piernas retorcidas la una sobre la otra

Armas del crimen

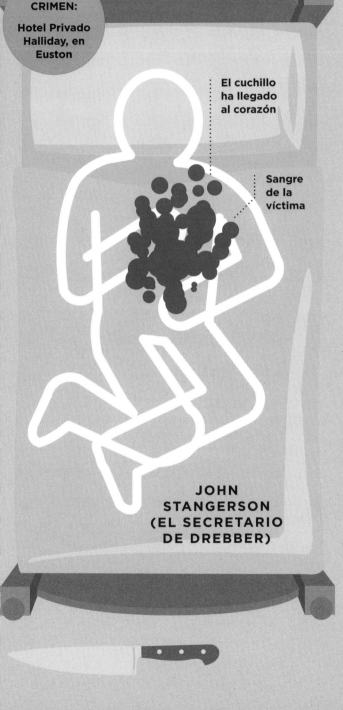

ESCENA DEL CRIMEN:

Hotel Privado Halliday, en Euston

El cuchillo ha llegado al corazón

Sangre de la víctima

JOHN STANGERSON (EL SECRETARIO DE DREBBER)

PERFIL DEL ASESINO

VARÓN

....

MÁS DE 180 cm DE ESTATURA

Por la altura de las letras y la longitud de la zancada, determinada a partir del espacio entre las pisadas halladas en el barro fuera de la escena del crimen

....

PIES PEQUEÑOS EN RELACIÓN CON LA ESTATURA Y BOTAS DE PUNTERA CUADRADA

Información deducida a partir de las pisadas

....

FUMA PUROS DE TRIQUINÓPOLIS

Por la ceniza recogida en la escena

LA SOLUCIÓN DE HOLMES

Holmes encuentra huellas de dos tipos y las marcas de un cabriolé en el barro fuera del edificio. A partir de ello deduce que el asesino ha de ser el conductor. La alianza resulta ser de Lucy Ferrier, la esposa de Enoch Drebber, y Holmes descubre que estuvo prometida con un estadounidense llamado **Jefferson Hope**, que ahora es conductor de cabriolés en la ciudad.

OBRA

¿Quién era el profesor Moriarty? Su existencia fue toda una sorpresa para Watson: Holmes nunca había mencionado su nombre en toda una década de investigaciones y, de repente, lo presenta como el cerebro de la mayoría de los delitos que se cometen en Londres. ¿De verdad existió o era una mera proyección del lado oscuro del propio Holmes, el Hyde de su Jekyll? Holmes solía afirmar que, si lo hubiera querido, habría sido un criminal excelente. ¿Podría tratarse de la misma persona?

HOLMES

180 cm DE ESTATURA

RELACIONES:

Relaciones con todo el submundo londinense

INTELIGENCIA COMPARABLE

FORMACIÓN:

Buena educación, pero no académica

FAMILIA:

Un hermano mayor, Mycroft Holmes, alto funcionario del gobierno

OJOS GRISES Y PENETRANTES

LIBROS ESCRITOS:

Autor de varias monografías y de un libro sobre apicultura práctica

RASGOS FACIALES

Nariz aquilina, frente amplia y abombada, labios finos, barbilla cuadrada y prominente, tez pálida

SOCIOS:

John Watson

CARRERA PROFESIONAL:

Químico

VOZ ESTRIDENTE

TÍTULO:

El detective más famoso del mundo

COMPLEXIÓN

Delgado, brazos largos, espalda larga y delgada

SHERLOCK

MORIARTY

MUY ALTO

INTELIGENCIA COMPARABLE

OJOS GRISES Y HUNDIDOS

RASGOS FACIALES

Frente muy grande y abombada, labios finos, barbilla protuberante en un movimiento de rumiación constante, tez pálida

COMPLEXIÓN

Delgado, brazos largos, hombros redondeados

VOZ SUAVE

RELACIONES:

Relaciones con todo el submundo londinense

FORMACIÓN:

Educación excelente, catedrático de matemáticas en la universidad

FAMILIA:

Un hermano con el mismo nombre, el coronel James Moriarty; un hermano pequeño cuyo nombre se desconoce y que es jefe de estación en el oeste de Inglaterra

LIBROS ESCRITOS:

Autor de *Tratado sobre el teorema del binomio* y *La dinámica de un asteroide*

SOCIOS:

Sebastian Moran

CARRERA PROFESIONAL:

Matemático

TÍTULO:

El Napoleón del crimen

OBF

CÓDIGOS Y CIFRADOS

Holmes es una autoridad en códigos y mensajes cifrados. «Estoy bastante versado en todos los tipos de escritura secreta e incluso he escrito una modesta monografía sobre el tema, en la que analizo ciento sesenta cifrados diferentes», le dice ufano a Watson, que lo refleja en *La aventura de los bailarines*. Holmes también se enfrenta a mensajes cifrados en *La aventura del círculo rojo*, *El Ritual de Musgrave*, *La corbeta «Gloria Scott»* y en el asunto Birlstone (que Watson tituló *El valle del terror*). El código Birlstone se basaba en un libro (el *Almanaque de Whitaker*): el emisor y el receptor tenían la misma edición y compartían coordenadas precisas para ubicar las palabras que componían el mensaje.

LOS BAILARINES

TIPO DE CÓDIGO
Cifrado de sustitución simple

MÉTODO DE DESCODIFICACIÓN
Análisis de frecuencia

FUNCIÓN
Permitir la comunicación secreta entre los miembros de una banda

DESCRIPCIÓN
Semáforo de monigote de palo. Cada letra del alfabeto y cada número de 0 a 9 se representa con un monigote en varias posiciones. Si sostiene una bandera, indica que es la última letra de una palabra

a b c d e f
g h i j k l
m n o p q r
s t u v w x
y z

¿PUEDES DESCIFRAR EL MENSAJE?

CÓDIGO SALTARÍN

TIPO DE CÓDIGO
Código saltarín

MÉTODO DE DESCODIFICACIÓN
Leer la primera palabra y cada tres palabras a partir de la misma, haciendo caso omiso de la puntuación

FUNCIÓN
Ocultar mensajes tras una prosa inocente

DESCRIPCIÓN
Escritura normal

¿PUEDES DESCIFRAR EL MENSAJE?

Sé bien cuánto lo añoras y que no lo hiciste queriendo. Quiere el siempre temido último beso de verano.

SEÑALES LUMINOSAS

TIPO DE CÓDIGO
Señales con luces

MÉTODO DE DESCODIFICACIÓN
Contar las veces que aparece la luz

FUNCIÓN
Transmisión instantánea de mensajes a cierta distancia

DESCRIPCIÓN
Un destello para la A, dos para la B, etc., hasta 26

¿PUEDES DESCIFRAR EL MENSAJE?

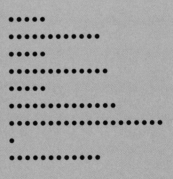

NOTAS DEL CASO 2: LA AVENTURA DE LA BANDA DE LUNARES

Holmes (y Watson) acometieron este caso de «habitación cerrada» en abril de 1883 que Watson recordó con toda tranquilidad en 1892. Julia Stoner muere misteriosamente una semana antes de su boda. Su hermana gemela Helen está a punto de casarse y teme lo peor: sospecha que su padrastro maltratador, el doctor Roylott, quiere matarla también. Cuando las chicas se casen, perderá dos terceras partes de los ingresos que genera el capital de su esposa fallecida.

DELITO:
Asesinato
....

VÍCTIMA:
Julia Stoner
....

MÉTODO:
Envenenamiento
....

ARMA:
Víbora de los pantanos

LA SOLUCIÓN DE HOLMES

Holmes y Watson ocupan el lugar de Helen por la noche, sin que el doctor Roylott lo sepa. Luego, esa misma noche, oyen

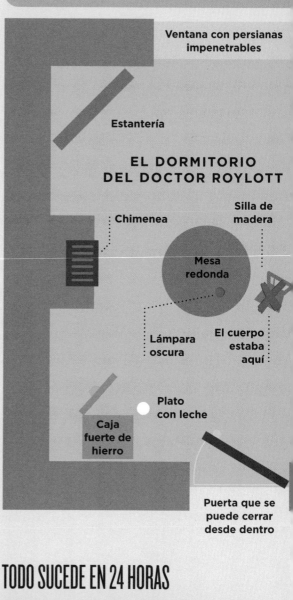

Ventana con persianas impenetrables

Estantería

EL DORMITORIO DEL DOCTOR ROYLOTT

Chimenea

Silla de madera

Mesa redonda

El cuerpo estaba aquí

Lámpara oscura

Plato con leche

Caja fuerte de hierro

Puerta que se puede cerrar desde dentro

TODO SUCEDE EN 24 HORAS

1 2 3 4 5 6 7 8 9

un ruido extraño y encienden una vela, cuya luz les descubre que una serpiente venenosa ha entrado en su habitación por el respiradero. Holmes actúa rápido y golpea a la serpiente con su *crop* de caza y la obliga a retroceder por el respiradero. Finalmente acaba mordiendo a Roylott, que muere por las heridas.

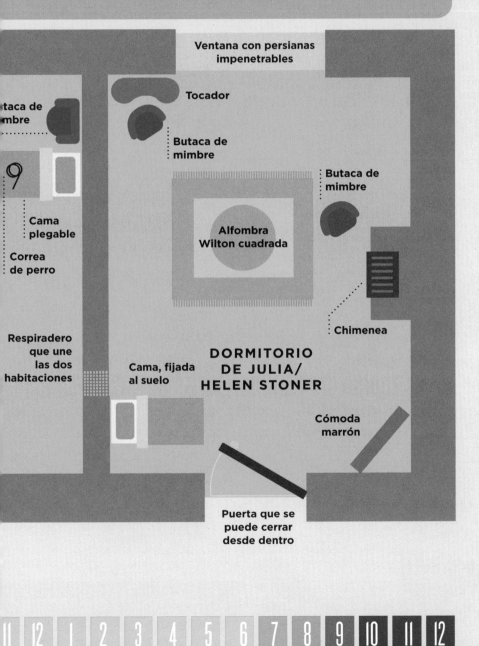

Ventana con persianas impenetrables

Tocador

...taca de ...mbre

Butaca de mimbre

Butaca de mimbre

Cama plegable

Correa de perro

Alfombra Wilton cuadrada

Chimenea

Respiradero que une las dos habitaciones

Cama, fijada al suelo

DORMITORIO DE JULIA/ HELEN STONER

Cómoda marrón

Puerta que se puede cerrar desde dentro

PERROS Y OTROS ANIMALES

Los animales son una presencia habitual en la vida y en los casos de Sherlock. Muchos de ellos, especialmente los que aparecen en los casos que Watson mencionó de pasada pero nunca llegó a poner por escrito, son bastante inesperados. Hay más perros que cualquier otro animal (si no se cuentan los caballos de los carruajes). Sherlock trabajaba bien con ellos y pensó en escribir una breve monografía acerca del uso de perros en el trabajo detectivesco. Watson solía comparar con cierta admiración a Holmes con un perro: un sabueso que sigue a su olfato hasta encontrar a su presa.

GATOS

OCA

CABALLOS DE CARRERAS

GUEPARDO

MONO BABUÍNO

SERPIENTE

MEDUSA

LEÓN

OVEJAS

MANGOSTA

CONEJOS

ABEJAS

CANARIO

Y POR ÚLTIMO, PERO NO MENOS IMPORTANTE...

PERROS

CACHORRO DE BULL TERRIER

CACHORRO DE BULLDOG

SPANIELS

LURCHER

TERRIER

AIREDALE TERRIER

LEBREL IRLANDÉS

MASTÍN

DOGO

PERRO PASTOR

PERROS GUARDIANES

PERRO CASERO

BEAGLE

FINALMENTE, ESTOS ANIMALES APARECEN EN CASOS QUE WATSON NO PUSO POR ESCRITO

Rata gigante de Sumatra, sanguijuela roja, gusano desconocido para la ciencia, cormorán amaestrado, canario, lagarto.

OBRA

LAS CUENTAS DE HOLMES

¿Cuánto ganaba Holmes? Afirmaba que era pobre y que necesitaba a Watson para compartir los gastos, pero con frecuencia se permitía trabajar sin pedir otra recompensa que una solución satisfactoria, dietas y una gran dosis de admiración incondicional. Es posible que su trabajo para las coronas europeas, especialmente la casa real de Escandinavia, la República francesa y la familia real holandesa, sufragara los casos más interesantes, pero menos lucrativos, que Watson detalló.

«MIS HONORARIOS SIGUEN UNA ESCALA FIJA. NO LOS VARÍO, SALVO CUANDO LOS PERDONO POR COMPLETO.»

SHERLOCK HOLMES, *El problema del puente de Thor*, 1922

Fecha	Caso	Cliente	Cantidad
Febrero de 1883	Descubrir quién robó una diadema de berilos y recuperarla	Alexander Holder, del banco privado Holder & Stevenson	1000 libras esterlinas de recompensa
Marzo de 1888	Recuperar fotografías incriminatorias en manos de Irene Adler	Wilhelm von Ormstein, rey de Bohemia	• 300 libras esterlinas en oro • 700 libras esterlinas en billetes • Caja de rapé de oro y amatistas
Diciembre de 1890	Recuperar el famoso carbunclo azul	Condesa de Morcar	1000 libras esterlinas de recompensa
Noviembre de 1895	Recuperar los planos secretos de un submarino	Gobierno británico	Alfiler de corbata de esmeraldas, regalo de un monarca agradecido
Mayo de 1901	Encontrar a Lord Saltire, que ha sido secuestrado	Duque de Holdernesse	12 000 libras esterlinas

SHERLOCK HOLMES

04
LEGADO

«POCO IMPORTA QUE UNA CO‌SA‌ ‌Q‌UE LA COSA SE HA HECHO.»

SHERLOCK HOLMES,
Estudio en escarlata, 1888

SE HAGA, LA CUESTIÓN ESTÁ EN HACER CREER A LA GENTE

LAS NOTAS DE LOS CASOS DEL DOCTOR WATSON

La obra del doctor Watson constituye el legado de Holmes. Transformó los recuerdos y las anotaciones en sucio del detective en narraciones elegantes y escuetas (solo en raras ocasiones superan las 10.000 palabras) unos años después de los acontecimientos. Siempre pidió permiso a Holmes antes de publicarlas y, en ocasiones, este no se lo concedió por motivos políticos delicados o porque Holmes rehuía la fama (aunque a la vez le encantaba la admiración incondicional). Hay 56 relatos (y cuatro novelas) que, en su conjunto, se conocen como el canon holmesiano. Holmes escribió dos de ellas y es muy probable que el colega médico-literato de Watson, Arthur Conan Doyle, escribiera al menos una y, quizá, dos.

TOTAL DE RELATOS
56

COLECCIONES

Escritos por Watson
52

Otros
2

Holmes
2

- Las aventuras de Sherlock Holmes
- Las memorias de Sherlock Holmes
- El regreso de Sherlock Holmes
- Su última reverencia
- El archivo de Sherlock Holmes

RELATOS PUBLICADOS EN FORMA DE LIBRO CADA AÑO

1891

1892

1893

1903

1904

1908

1910

1911

1913

1917

1921

1922

1923

1924

1926

1927

Aparentemente, Holmes murió en las cascadas de Reichenbach en 1891 y el relato de Watson sobre esto se publicó en 1893. Holmes reapareció en 1894, pero Watson necesitó toda una década para procesar el dolor y reanudar la redacción de sus aventuras. Los sherlockianos llaman «gran hiato» o «fractura» al periodo entre 1891 y 1894.

Posiblemente de Doyle, pero quizá se trate de la obra de ficción de un desconocido oportunista.

2
relatos escritos por Sherlock Holmes

HOLMES EN VERSIÓN EXTENDIDA

Holmes intervino en cuatro casos que exigieron a Watson escribir algo más que un relato. Aunque tres de estos casos tienen su origen en el extranjero (dos en Estados Unidos y uno en la India), todos los problemas se resolvieron en Gran Bretaña, bajo la guía de Holmes. En uno de ellos, Watson conoce a su futura esposa y permite a los lectores ver cómo se desarrolla el romance. A pesar de que consiguió tejer tramas emocionantes para las cuatro aventuras (el público disfrutó del exotismo), no obtuvieron un éxito tan inmediato como los relatos. De todos modos, *El sabueso de los Baskerville* fue un éxito enorme y muy lucrativo.

PUBLICADO EN 1888 — CAPÍTULOS

ESTUDIO EN ESCARLATA

DOBLE ASESINATO

El debut de Sherlock Holmes y John Watson.

PUBLICADO EN 1890 — CAPÍTULOS

EL SIGNO DE LOS CUATRO

ASESINATO Y ROBO

La historia transcurre a lo largo de 30 años.

UBICACIONES

LONDRES

CHICAGO

UTAH

INDIA

DEVON

SUSSEX

PUBLICADO EN

1902

CAPÍTULOS

PUBLICADO EN

1915

CAPÍTULOS

EL SABUESO DE LOS BASKERVILLE

ASESINATO

El primer libro de Sherlock Holmes en nueve años.

EL VALLE DEL TERROR

ASESINATO Y HOMICIDIO

Moriarty, el archienemigo de Holmes, es uno de los protagonistas del último libro del detective.

QUEDARON EN EL TINTERO

El asunto de la falsa lavandería

Ricoletti, el del pie deforme, y su abominable esposa

La curiosa aventura de los Grice Paterson en la isla de Uffa

El caso de la muleta de aluminio

La cámara Paradol

El político, el faro y el cormorán amaestrado

El terrible suceso de la familia Abernetty

La sucesión Smith-Mortimer

La misteriosa persecución de John Vincent Harden

El famoso escándalo de los naipes del Club Nonpareil

La muerte del joven Perkins

El caso de los camafeos del Vaticano

El caso de la falsificación Conk-Singleton

El sencillo asunto de Fairdale Hobbs

El enigma de mozo de equipajes de ferrocarril, con su uniforme de pana

El «Matilda Briggs»

Watson depositó una caja de metal llena de notas acerca de los casos en su banco, Cox & Co., en Charing Cross (Londres). Se trata de los cientos de casos que no llegó a escribir nunca: en los relatos publicados, Watson hacía misteriosas alusiones de pasada a casos en los que Holmes trabajaba sin su colaboración o que había investigado en el pasado y le recordaban a problemas actuales. Hay hasta 96 enigmáticas referencias de este tipo, en función de cómo se construya la alusión. Estas son algunas de las más divertidas.

desconocido para la ciencia

La locura del coronel Warburton

El arresto de Huret, el asesino del bulevar

Vigor, el herrero maravilla

El caso del conde von und Zu Grafenstein

La repulsiva historia de la sanguijuela roja y Crosby, el banquero

El escándalo de la suplantación de Darlington

La señora Farintosh y la tiara de ópalos

El caso del asesinato Trepoff

La repentina muerte del cardenal Tosca

El caso de los dos patriarcas coptos

La peculiar tragedia de los hermanos Atkinson en Tricomalee

El asunto de Mortimer Maberley

La separación del matrimonio Dundas

El caso por el que Sherlock Holmes rechazó el título de caballero

Wilson, el notorio entrenador de canarios

SHERLOCKS SINGULARES

195
185
175
165
155
145
135
125
115
105
95
85
70
60
50
40
30
20
10
0

WILLIAM GILLETTE

BASIL RATHBONE

1.300 representaciones teatrales

14 interpretaciones en el cine

ATREZZO DEL ACTOR

- Gorra de cazador
- Violín
- Lupa
- Pipa curva
- Abrigo Ulster
- Pipa recta
- Abrigo largo

El propio Holmes poseía veleidades teatrales y es probable que le hubiera gustado tener la oportunidad de interpretarse a sí mismo en la obra en cuatro actos *Sherlock Holmes*, que Arthur Conan Doyle y el actor estadounidense William Gillette escribieron en 1899. Gillette, nacido en 1853, fue un contemporáneo prácticamente exacto de Holmes. Desde entonces, más de 75 actores han interpretado a Sherlock en el teatro, en el cine y en la radio. Estos son los más memorables.

195
185
175
165
155
145
135
125
115
105
95
85
70
60
50
40
30
20
10
0

JEREMY BRETT

41
interpretaciones en televisión

BENEDICT CUMBERBATCH

+15
interpretaciones en televisión

SHERLOCK TIPOGRÁFICO

SILV
RESI
ABBE
BLAN
COPP
LAST
EMPT
RETI
BERY
HOUN
DEVI
NORW
NAVA
ILLU
VALL
BLAC
CROO
3GAB
MAZA
REIG
SIXN
IDEN
CARD
GLOR
SECO
SIGN
BOSC
DANC
VEIL
CHAS
FINA
BRUC
GOLD
3STU

En 1847, Jay Finley Christ, profesor de derecho en la Universidad de Chicago y célebre académico holmesiano, instauró el código, ahora universalmente aceptado, para abreviar los títulos de las historias de Watson usando únicamente cuatro caracteres para cada título. Aquí lo tienes.

¿PUEDES NOMBRAR ALGUNO?
RESPUESTAS EN LA PÁGINA 96

PRIO
YELL
REDC
3GAR
STOC NOBL
BLUE
GREE
TWIS
REDH SCAN ENGR
SUSS THOR
SHOS
WIST STUD
CREE SOLI DYIN
LION
FIVE LADY MUSG
SPEC MISS

LA HUELLA DE HOLMES

C. Auguste Dupin fue detective en la década de 1840, mucho antes de que tan siquiera existiera un nombre para ese trabajo. Sin embargo, su socio, Edgar Allan Poe, solo escribió tres de sus casos. Gracias a Watson, fue Sherlock Holmes quien abrió un campo completamente nuevo. Apareció de la nada, plenamente formado y se convirtió de inmediato en el modelo de todos los detectives posteriores. Podemos identificar tropos y atributos sherlockianos en toda una línea de detectives y de policías inconformistas que garantizan que el legado de Holmes siga vivo.

HÉRCULES POIROT

AGATHA CHRISTIE

- Aventuras en serie
- Compañero leal: el capitán Hastings
- Experto en perfiles psicológicos
- Atuendo/accesorios característicos: bigote
- Amigos en la policía

33 NOVELAS

51 RELATOS

JANE MARPLE

AGATHA CHRISTIE

- Aventuras en serie
- Experta en perfiles psicológicos
- Atuendo/accesorios característicos: agujas de tejer

12 NOVELAS

20 RELATOS

ALBERT CAMPION

MARGERY ALLINGHAM

- Aventuras en serie
- Amigos en la policía
- Deducción a partir de pruebas forenses
- Atuendo/accesorios característicos: gafas
- Compañero leal: Magersfontein Lugg
- Experto en peleas

19 NOVELAS

30 RELATOS

INSPECTOR REBUS

IAN RANKIN

- Aventuras en serie
- Problemas con las mujeres
- Adicción: whisky
- Interés por la música y el arte
- Humor depresivo y hastío

22
NOVELAS
....
29
RELATOS

INSPECTOR MORSE

COLIN DEXTER

- Aventuras en serie
- Experto en perfiles psicológicos
- Compañero leal: sargento Lewis
- Adicción: cerveza inglesa y whisky
- Interés por la música y el arte
- Atuendo/accesorios característicos: automóvil Jaguar

13
NOVELAS
....
6
RELATOS

KURT WALLANDER

HENNING MANKELL

- Aventuras en serie
- Problemas con las mujeres
- Adicción: alcohol y comida basura
- Humor depresivo y hastío

10
NOVELAS
....
5
RELATOS

PHILLIP MARLOWE

RAYMOND CHANDLER

- Aventuras en serie
- Adicción: whisky, nicotina y café
- Interés por la música y el arte
- Experto en peleas callejeras

8
NOVELAS
....
8
RELATOS

BIOGRAFÍAS

Sidney Paget (1860–1908)

Responsable de ilustrar los informes de Watson en *The Strand Magazine*. Produjo 356 ilustraciones y se tomó la licencia artística de incluir las icónicas gorra de caza y capa Inverness, prendas que, en realidad, Holmes no llevó nunca.

Arthur Conan Doyle (1859–1930)

Médico reticente y escritor de éxito, Conan Doyle conoció a Watson en la Universidad de Edimburgo. Entendió a la primera el potencial de los recuerdos de Watson y se convirtió en su agente literario y en su puerta al mundo editorial.

Profesor James Moriarty

Inteligente profesor de matemáticas de día y cerebro del crimen durante el resto del tiempo. Estaba detrás de la extensa red de delincuencia de Inglaterra de la época. Holmes logró acabar con él en Reichenbach, pero nunca se recuperó cuerpo alguno, por lo que cabe la posibilidad de que sobreviviera.

Los Irregulares de Baker Street

Una banda de mugrientos niños callejeros empleados como unidad de inteligencia. Eran especialistas en la obtención de datos y en seguir a los sospechosos sin ser detectados. Desempeñaron un papel importante en, como mínimo, tres casos de Holmes.

Mycroft Holmes (n. 1847)

El hermano mayor de Holmes era extraordinariamente inteligente, muy indolente y mucho más alto y corpulento que Sherlock. Trabajaba para el gobierno en proyectos clasificados, prefería la teoría al trabajo de campo y pasaba la mayor parte del día en el Club Diógenes.

Langdale Pike

Este no era su nombre verdadero. Era columnista y recolector de chismes de la alta sociedad. Es probable que fuera miembro de la pequeña nobleza y que fuera compañero de estudios de Holmes. Se pasaba el día mirando por la ventana de su club en St. James y lo sabía todo de todo el que era alguien.

Inspector G. Lestrade

Era el contacto en Scotland Yard de Holmes, quien lo calificaba condescendientemente como «el mejor de los profesionales». Era un detective de carrera y trabajó junto a Holmes en 13 casos. Bajo, delgado y con aspecto de hurón, era rápido y tenaz, aunque bastante convencional y falto de imaginación.

Shinwell «Porky» Johnson

Este exdelincuente era el «soplón» personal de Holmes y prefería trabajar para él en vez de para la policía, sobre todo en casos «delicados» que no llegaban a juicio, por lo que no tenía que testificar y, por lo tanto, descubrir su identidad. También ofrecía servicios de seguridad y de protección.

Señora Hudson

Era la casera de Holmes y la propietaria de 221B Baker Street, una mujer sufrida que soportaba las excentricidades, los experimentos científicos, el consumo de drogas y las prácticas de tiro de su inquilino casi sin rechistar. Es posible que colaborara con él bajo distintas identidades sin que Watson se diera cuenta. Probablemente trabajaba de incógnito como «Martha».

Irene Adler

Aventurera, chantajista y mujer fatal internacional. Fue capaz de vencer a Holmes en su propio juego, lo que le hizo ganar la admiración de este. Sherlock la llamaba «La Mujer» y guardaba una fotografía de ella que le había dado una de las víctimas de la realeza a quien había chantajeado.

Coronel Sebastian Moran (n. 1840)

Soldado, cazador, jugador de naipes, asesino y letal con pistolas de aire comprimido. Era el esbirro de Moriarty y, tras pasar por Eton y Oxford, sirvió en la India y en Afganistán con el Primer Regimiento de Pioneros de Bangalore y aún tuvo tiempo de escribir dos libros.

Victor Trevor

Compañero de universidad. A pesar de que era cordial y apasionado, todo lo contrario que Holmes, se hicieron amigos cuando el bull terrier de Trevor mordió a Sherlock en el tobillo. Holmes resolvió su primer caso durante una estancia en la casa de Norfolk, propiedad de la familia de Trevor.

- Contactos profesionales
- Enemigos
- Empleados
- Familiares y amigos

ÍNDICE

EL CANON DE SHERLOCK HOLMES

ABBE La aventura de Abbey Grange (The Adventure of the Abbey Grange)

BERY La aventura de la diadema de berilos (The Adventure of the Beryl Coronet)

BLAC La aventura del Negro Peter (The Adventure of Black Peter)

BLAN La aventura del soldado de la piel decolorada (The Adventure of the Blanched Soldier)

BLUE La aventura del carbunclo azul (The Adventure of the Blue Carbuncle)

BRUC El misterio del valle de Boscombe (The Boscombe Valley Mystery)

BRUC La aventura de los planos del Bruce-Partington (The Adventure of the Bruce-Partington Plans)

CARD La caja de cartón (The Adventure of the Cardboard Box)

CHAS La aventura de Charles Augustus Milverton (The Adventure of Charles Augustus Milverton)

COPP La aventura de la finca de Copper Beeches (The Adventure of the Copper Beeches)

CREE La aventura del hombre que reptaba (The Adventure of the Creeping Man)

CROO El hombre encorvado (The Crooked Man)

DANC La aventura de los bailarines (The Adventure of the Dancing Men)

DEVI La aventura del pie del diablo (The Adventure of the Devil's Foot)

DYIN La aventura del detective moribundo (The Adventure of the Dying Detective)

EMPT La aventura de la casa deshabitada (The Adventure of the Empty House)

ENGR La aventura del dedo pulgar del ingeniero (The Adventure of the Engineer's Thumb)

FINA El problema final (The Final Problem)

FIVE Las cinco semillas de naranja (The Five Orange Pips)

GLOR La corbeta «Gloria Scott» (The Adventure of the Gloria Scott)

GOLD La aventura de los lentes de oro (The Adventure of the Golden Pince-Nez)

GREE El intérprete griego (The Greek Interpreter)

HOUN El sabueso de los Baskerville (The Hound of the Baskervilles)

IDEN Un caso de identidad (A Case of Identity)

ILLU La aventura del cliente ilustre (The Adventure of the Illustrious Client)

LADY La desaparición de lady Frances Carfax (The Disappearance of Lady Frances Carfax)

LAST Su última reverencia (His Last Bow)

LION La aventura de la melena del león (The Adventure of the Lion's Mane)

MAZA La aventura de la piedra preciosa de Mazarino (The Adventure of the Mazarin Stone)

MISS La aventura del tres-cuartos desaparecido (The Adventure of the Missing Three-Quarter)

MUSG El Ritual de Musgrave (The Adventure of the Musgrave Ritual)

NAVA El tratado naval (The Naval Treaty)

NOBL La aventura del aristócrata solterón (The Adventure of the Noble Bachelor)

NORW La aventura del constructor de Norwood (The Adventure of the Norwood Builder)

PRIO La aventura del colegio Priory (The Adventure of the Priory School)

REDC La aventura del círculo rojo (The Adventure of the Red Circle)

REDH La aventura de la Liga de los Pelirrojos (The Adventure of the Red-Headed League)

REIG El hidalgo de Reigate (The Adventure of the Reigate Squire)

RESI El paciente interno (The Resident Patient)

RETI La aventura del fabricante de pinturas retirado (The Adventure of the Retired Colourman)

SCAN Escándalo en Bohemia (A Scandal in Bohemia)

SECO La aventura de la segunda mancha (The Adventure of the Second Stain)

SHOS La aventura de Shoscombe Old Place (The Adventure of Shoscombe Old Place)

SIGN El Signo de los Cuatro (The Sign of the Four)

SILV Estrella de plata (Silver Blaze)

SIXN La aventura de los seis napoleones (The Adventure of the Six Napoleons)

SOLI La aventura del ciclista solitario (The Adventure of the Solitary Cyclist)

SPEC La aventura de la banda de lunares (The Adventure of the Speckled Band)

STOC El empleado de correduría de bolsa (The Adventure of the Stockbroker's Clerk)

STUD Estudio en escarlata (A Study in Scarlet)

SUSS La aventura del vampiro de Sussex (The Adventure of the Sussex Vampire)

THOR El problema del puente de Thor (The Problem of Thor Bridge)

3GAB La aventura de los tres gabletes (The Adventure of the Three Gables)

3GAR La aventura de los tres Garrideb (The Adventure of the Three Garridebs)

3STU La aventura de los tres estudiantes (The Adventure of the Three Students)

TWIS El hombre del labio torcido (The Man with the Twisted Lip)

VALL El valle del terror (The Valley of Fear)

VEIL La aventura de la inquilina del velo (The Adventure of the Veiled Lodger)

WIST La aventura del pabellón Wisteria (The Adventure of Wisteria Lodge)

YELL La cara amarilla (The Adventure of the Yellow Face)